梦 想 的 力 量

拼音版

成才必备的

礼仪 小百科
LIYI 仪 XIAO BAIKE

芦 军 编著

安徽美术出版社
全国百佳图书出版单位

图书在版编目（CIP）数据

成才必备的礼仪小百科 / 芦军编著.—合肥：
安徽美术出版社，2014.6
（梦想的力量）
ISBN 978-7-5398-5057-3

Ⅰ.①成… Ⅱ.①芦… Ⅲ.①礼仪—少儿读物 Ⅳ.①K891.26-49

中国版本图书馆CIP数据核字（2014）第106776号

出版人：武忠平　　　　　责任编辑：史春霖

助理编辑：方　芳　　　　责任校对：刘　欢　吴　丹

责任印制：徐海燕　　　　版式设计：北京鑫骏图文设计有限公司

梦想的力量

成才必备的礼仪小百科

Mengxiang de Liliang　Chengcai Bibei de Liyi Xiao Baike

出版发行：安徽美术出版社（http://www.ahmscbs.com/）
地　　址：合肥市政务文化新区翡翠路1118号出版传媒广场14层
邮　　编：230071
经　　销：全国新华书店
营 销 部：0551-63533604（省内）0551-63533607（省外）
印　　刷：河北省廊坊市永清县晔盛亚胶印有限公司
开　　本：880mm×1230mm　1/16
印　　张：6
版　　次：2015年6月第1版　2015年6月第1次印刷
书　　号：ISBN 978-7-5398-5057-3
定　　价：24.00元

目录

梦 想 的 力 量

zěn yàng duì dài róng yù
怎样对待荣誉

róng yù shì bié rén duì nǐ chéng jiù de yī zhǒng kěn dìng　bù guǎn nǐ qǔ
荣誉是别人对你成就的一种肯定，不管你取
dé de chéng jiù yǒu duō gāo　rú guǒ méi yǒu rén rèn tóng nǐ　yě jiù bù kě néng
得的成就有多高，如果没有人认同你，也就不可能
yǒu róng yù kě yán　nà wǒ men yīng gāi zěn yàng duì dài róng yù ne　shì zhěng
有荣誉可言。那我们应该怎样对待荣誉呢？是整
tiān bǎ tā guà zài zuǐ biān　hái shi bǎ róng yù fàng zài nǎo hòu　chóng xīn
天把它挂在嘴边，还是把荣誉放在脑后，重新
kāi shǐ xīn de gōng zuò　qù zhēng qǔ xīn de róng
开始新的工作，去争取新的荣
yù　xiàn zài wǒ men lái kàn kan jū lǐ fū
誉？现在我们来看看居里夫
rén shì zěn me kàn dài róng yù de
人是怎么看待荣誉的。

jū lǐ fū rén zài fā xiàn léi zhī hòu
居里夫人在发现镭之后，
bèi shòu yǔ yīng guó huáng jiā xué huì
被授予英国皇家学会
shè lì de zuì gāo róng yù——jīn
设立的最高荣誉——金
zhì jiǎng zhāng　yǒu yī tiān
质奖章。有一天，
tā de yī gè péng you lái
她的一个朋友来

看她，发现她的女儿正拿着那枚金质奖章在玩，居里夫人的朋友很吃惊，忙问："你怎么可以让孩子玩这个呢？"她笑着答道："这有什么，我只是想让女儿从小就知道，奖章只不过是一个玩具，没什么了不起的，绝不能守着看，否则将一事无成。"

她讲得多好呀！这正说明了居里夫人重视实际而不在乎荣誉，所以她才可能在科研工作中为人类作出巨大的贡献。

是呀，如果一个人过分重视荣誉，或者陶醉在过去的荣誉里，那他就不会有新的进步，就不会去努力探究新的科学知识，而只停留在以前所获得的荣誉上。同学们，你说我们应该怎样对待荣誉呢？

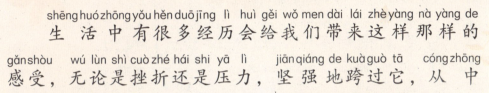

怎样自我激励

生活中有很多经历会给我们带来这样那样的感受，无论是挫折还是压力，坚强地跨过它，从中思考并得到成长，这些经验就会帮助我们走好以后的风雨人生路。

人的一生难免会受到压力，遇到伤害，其实这并不是什么坏事。受了小伤害之后，可以从中得到教训，将来能够避免大的灾祸。当遇到挫折时，我们应该怎样进行自我激励，怎样战胜

kùn nan ne
困难呢?

tiáo gāo mù biāo　　　xǔ duō rén jīng qí de fā xiàn　　　tā men zhī suǒ yǐ
1. 调高目标。许多人惊奇地发现，他们之所以

dá bù dào zì jǐ nǔ lì de mù biāo　　zhǔ yào shi yīn wèi tā men de mù biāo tài
达不到自己努力的目标，主要是因为他们的目标太

dī　　ér qiě tài mó hu bù qīng　　ràng zì jǐ shī qù le dòng lì
低，而且太模糊不清，让自己失去了动力。

lì zú xiàn zài　　　duàn liàn zì jǐ jí kè xíng dòng de néng lì　　zuò
2. 立足现在。锻炼自己即刻行动的能力，做

shén me shì qing dōu bù yào tuō tuō lā lā
什么事情都不要拖拖拉拉。

bǎ wò hǎo qíng xù　　　tōng cháng lìng nǐ kāi xīn de shì bù zài bié
3. 把握好情绪。通常令你开心的事不在别

chù　　jiù zài nǐ zì jǐ shēn shang　　yīn ér cōng míng de rén zǒng néng zhǎo
处，就在你自己身上，因而聪明的人总能找

chū zì shēn de qíng xù gāo zhǎng qī　　　bù duàn jī lì zì jǐ
出自身的情绪高涨期，不断激励自己。

gǎn yú fàn cuò　　　yǒu shí hou wǒ men bù zuò yī jiàn shì　　shì yīn wèi
4. 敢于犯错。有时候我们不做一件事，是因为

wǒ men méi yǒu xìn xīn zuò hǎo　　gǎn yú cháng shì　　gǎn yú fàn cuò　　jiāng ràng
我们没有信心做好。敢于尝试，敢于犯错，将让

wǒ men yǒu jù dà de dòng lì zhàn shèng miàn qián de kùn nan
我们有巨大的动力战胜面前的困难。

4

zěn yàng bǎi tuō wán měi zhǔ yì qíng jié
怎样摆脱完美主义情结

yǒu de tóng xué guò yú yán gé yāo qiú zì jǐ　　hái biàn zhe fǎ de hé zì
有的同学过于严格要求自己，还变着法地和自

jǐ jiào jìn　　róng bù dé zì jǐ yǒu rèn hé de guò shī hé cuò wù　　shèn zhì hái
己较劲，容不得自己有任何的过失和错误，甚至还

yīn wèi bié rén de xì wēi guò cuò
因为别人的细微过错、

shī wù ér gěng gěng yú huái　　bù
失误而耿耿于怀，不

néng kuān shù zì jǐ yě bù néng
能宽恕自己也不能

kuān shù bié rén　　zhè zhǒng xìng
宽恕别人。这种性

gé zài xīn lǐ xué shang chēng
格在心理学上 称

wéi　　wán měi
为"完美

zhǔ yì
主义"。

wán měi zhǔ yì zhě hěn shǎo
完美主义者很少

néng kè guān zhǔn què de píng
能客观准确地评

jià zì jǐ　　yě hěn shǎo
价自己，也很少

能够接受客观现实，他们多在自责中逃避现实。这种性格如果长时间得不到改变的话，就会使他们时刻生活在压力中，各种各样的心理问题也会随之而来，从而影响个人的健康成长。

其实任何东西都不是完美无缺的，有阳光就有乌云。如果自己或朋友与完美主义结缘，我们可以这样做。

1.全家共学，改变家庭环境。有些同学的完美主义情结完全是因父母的影响所致，这就需要父母与子女共同学习，共同成长，让完美主义者在融洽、高效的亲子沟通和双向交流中培养自己的主见，发表自己的看法，客观地评价每位家庭成员，让每个人都重新认识自己。

2.正确评价自己。如果发现自己有了完美主义倾向，千万不要着急，也不要给自己施加压力。你需要重新建立正确的自我评价标准，要试着努力建立一种宽容、客观、合理、注重自我肯定和自我鼓励的新标准。

3.学会自我调节。在青春期，每个人都对未来充满了信心，充满了憧憬。但努力不一定会有收获，在希望落空时，我们需要的是良好的自我调控、自我平衡能力，让自己在挫折中尽快站起来，向未来发起新的挑战。

怎样减轻当班干部所带来的压力

当上班干部，总被同学们的眼睛盯着，在有了一种成就感的同时，也增添了许多压力和烦恼。很多班干部虽然为班集体尽了力，却得不到别人的认同。那么，我们究竟该如何面对这样的局面，该怎样减轻当班干部所带来的压力呢？

首先，要全面看待约束和压力对自己的影响。自由固然令人向往，但对于一个人的成长与发展而言，外在的约束往往是非常必要而又不可多得的。从某种意义上说，今日的压力对青少年未来的人生是一笔财富。

其次，注意维持交往需要和独处需要的平衡。如果人们的交往沟通太少，没有足够的人际关系，就会产生烦恼。而当人们交往过多时，又会因为人际关系过于复杂而感到不安。

任何人无论关系多么亲密，都会对自己构成一种评价压力，对自己的行为有所限制。实际上，在任何交往中，我们都不可能完全按照自己的真实感受和真实期望去做。在社交情境中，我们必须将注意力或多或少地投向别人，留心别人的状态和反应，而不能在高兴时得意忘形，在悲伤时悔恨不已。

在被误解和嫉妒时，我们很在意外界对我们的

评价。学会用冷静的头脑，把别人的评价只当作一个参考。还要相信有付出就有回报，班干部学习基础好，能力强，为同学做些事，既体现了自己的价值，又可以进一步锻炼自己的能力，不要光看到付出，而应在付出的同时，看到我们收获了多少。

zěn yàng gěi zì jǐ jiǎn yā
怎样给自己减压

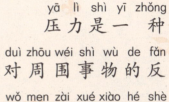

yā lì shì yī zhǒng
压力是一种
duì zhōu wéi shì wù de fǎn
对周围事物的反
yìng wǒ men zài xué xiào hé shè
应。我们在学校和社
huì suǒ miàn lín de yā lì jiù shì wǒ men
会所面临的压力，就是我们
chéng zhǎng guò chéng zhōng miàn duì shēn tǐ
成长过程中面对身体、
qíng xù yǐ jí sī xiǎng biàn huà yǔ tiǎo zhàn ér chǎn
情绪以及思想变化与挑战而产
shēng de zhǒng zhǒng yā lì yā lì guò dà huì yǐng
生的种种压力。压力过大会影
xiǎng jiàn kāng shuì mián yǐ jí rén jì guān xi jiǎ rú
响健康、睡眠以及人际关系。假如

nǐ yě yǒu zhè yàng de fán nǎo hé kùn rǎo yī dìng yào zài shì dàng de shí hou
你也有这样的烦恼和困扰，一定要在适当的时候
gěi zì jǐ jiǎn yā
给自己减压。

duàn liàn shēn tǐ duàn liàn shēn tǐ kě yǐ tí shén hé fàng sōng
1. 锻炼身体。锻炼身体可以提神和放松。
hé lǐ yǐn shí jiàn kāng de yǐn shí kě yǐ ràng qīng shào nián de
2. 合理饮食。健康的饮食可以让青少年的

shēn tǐ gèng hǎo de yìng duì yā lì
身体更好地应对压力。

shuì mián chōng zú　　rén zài pí juàn de shí hou hěn nán yìng fu
3.睡眠充足。人在疲倦的时候很难应付

yā lì
压力。

fù zhī yī xiào　　xiào kě yǐ zài hěn dà chéng dù shang jiǎn qīng
4.付之一笑。笑可以在很大程度上减轻

yā lì
压力。

yuán liàng zì jǐ　　dāng nǐ bǎ shì qing gǎo zāo shí　　shǒu xiān yào kàn
5.原谅自己。当你把事情搞糟时，首先要看

kan shì fǒu duì zì jǐ guò yú kē kè le　　yào gào su zì jǐ fàn cuò wù yě
看是否对自己过于苛刻了，要告诉自己犯错误也

shì xué xí guò chéng de yī bù fen　　zhì shǎo zhī dao le xià cì yīng gāi zěn
是学习过程的一部分，至少知道了下次应该怎

me zuò
么做。

zuò huí zì jǐ　　nǔ lì qù zuò nǐ zì jǐ zuò bù dào de shì qing
6.做回自己。努力去做你自己做不到的事情，

huì chǎn shēng bù bì yào de yā lì
会产生不必要的压力。

zhī zú cháng lè　　yǔ qí xiǎng dé dào yī qiè　　bù rú xiǎng xiǎng
7.知足常乐。与其想得到一切，不如想想

zì jǐ yǐ jīng yōng yǒu de
自己已经拥有的。

如何培养优雅站姿
rú hé péi yǎng yōu yǎ zhàn zī

wǒ men de shēng huó jiāo wǎng zhōng lí bù kāi zhàn lì， péi yǎng yōu
我们的生活交往中离不开站立，培养优

yǎ de zhàn zī yǒu zhù yú tí gāo wǒ men de mèi lì。 zhèng què jiàn měi de
雅的站姿有助于提高我们的魅力。正确健美的

zhàn zī gěi rén liú xià tǐng bá bǐ zhí， shū zhǎn jùn měi， zhuāng zhòng dà
站姿给人留下挺拔笔直、舒展俊美、庄重大

fang、 jīng lì chōng pèi、 xìn xīn shí zú de yìn xiàng
方、精力充沛、信心十足的印象。

zhèng què de zhàn zī shì：
正确的站姿是：

tóu fàng zhèng， shuāng mù píng shì， zuǐ chún wēi
1. 头放正，双目平视，嘴唇微

bì， xià hé wēi shōu， miàn róng píng hé zì rán
闭，下颌微收，面容平和自然。

shuāng jiān fàng sōng， shāo xiàng xià chén
2. 双肩放松，稍向下沉。

qū gàn tǐng zhí， tǐng xiōng、 shōu fù、 lì yāo
3. 躯干挺直，挺胸、收腹、立腰。

shuāng bì zì rán xià chuí yú shēn tǐ liǎng cè， zhōng
4. 双臂自然下垂于身体两侧，中

zhǐ tiē yú kù fèng
指贴于裤缝。

shuāng tuǐ lì zhí， bìng lǒng， jiǎo gēn xiāng kào， liǎng
5. 双腿立直，并拢，脚跟相靠，两

jiǎo xíng chéng
脚 形 成 60°。

zài fēi zhèng shì chǎng hé　　rú guǒ lèi le kě yǐ shì dàng tiáo zhěng
在非正式场合，如果累了可以适当调整

yī xià zī tài　　kě yǐ jiāng yī tiáo tuǐ xiàng qián kuà bàn bù huò xiàng hòu chè
一下姿态。可以将一条腿向前跨半步或向后撤

bàn bù　　shēn tǐ zhòng xīn lún liú fàng zài liǎng tiáo tuǐ shang　zhè yàng jì kě
半步，身体重心轮流放在两条腿上，这样既可

yǐ fáng zhǐ pí láo　　yòu bù shī fēng dù　　dàn bù kě yǐ dōng dǎo xī wāi
以防止疲劳，又不失风度。但不可以东倒西歪。

rú hé péi yǎng zhuāng zhòng de zuò zī
如何培养庄重的坐姿

　　"坐如钟"，就是要求我们坐姿一定要端
正。正确的坐姿给人留下一种稳重的印象。

　　一般情况下，入座时要轻而稳，先走到座位
前，转身后，轻轻坐下。不论是坐在椅子或沙发
上，都是只坐一半。时间长了可以靠在椅子或沙发
上，但不可双脚一伸，半躺或半坐。

　　男孩可以跷"二郎腿"，但不可以跷
得太高，不可以抖动。女孩入座后，可
以采用小腿交叉的姿势，但不可向
前伸直，更不能分得太开。若穿裙
装，应先用手将长裙拢一下，以
免坐下后再起身拢裙子。

15

入座后，上身应端正挺直，头要平正，面带笑容，双目平视，嘴唇微闭，微收下颌，双肩平正放松，两臂自然弯曲，手放在膝上，或者放在椅子或沙发扶手上，掌心向下，双膝自然并拢，也可稍稍分开。双腿正放或侧放，双脚自然着地，也可并拢或交叉。与人谈话时，坐姿可以改为侧姿，此时，上身与腿同时转向一侧，但要双膝靠拢，脚跟靠紧。

不论何种坐姿，都不要将两个膝盖分开，两脚呈外八字，也不能将两脚尖朝内，呈内八字。

两腿交叉时，悬空的脚尖应朝下，切忌脚尖朝上。

16

如何培养正确的走姿
rú hé péi yǎng zhèng què de zǒu zī

zài shēng huó zhōng，rén men zǒu lù de yàng zi qiān zī bǎi tài，yǒu
在生活中，人们走路的样子千姿百态，有

de bù fá wěn jiàn、zì rán、dà fang，gěi rén yǐ chén zhuó、sī wen de
的步伐稳健、自然、大方，给人以沉着、斯文的

gǎn jué；yǒu de bù fá jiǎo jiàn、qīng sōng、mǐn jié，ràng rén lián xiǎng
感觉；有的步伐矫健、轻松、敏捷，让人联想

dào jiàn kāng、huó lì，fù yǒu zhāo qì；yǒu de bù fá
到健康、活力，富有朝气；有的步伐

kēng qiāng yǒu lì；yǒu de bù fá rú fēng yī yàng
铿锵有力；有的步伐如风一样

qīng yíng。jiàn měi de zǒu zī kě yǐ biǎo xiàn chū yī
轻盈。健美的走姿可以表现出一

gè rén péng bó xiàng shàng de jīng shen zhuàng tài
个人蓬勃向上的精神状态，

gěi rén liú xià měi hǎo de yìn xiàng。nà me shén me
给人留下美好的印象。那么什么

yàng de zǒu zī cái huì gěi rén liú xià shēn kè de yìn
样的走姿才会给人留下深刻的印

xiàng ne？ yě jiù shì shuō zěn yàng péi yǎng zhèng què
象呢？也就是说怎样培养正确

de zǒu zī ne
的走姿呢？

shuāng mù xiàng qián píng shì，wēi shōu xià
（1）双目向前平视，微收下

hé miàn dài wēi xiào
颌，面带微笑。

shuāng jiān píng zheng shuāng bì qián hòu zì rán bǎi dòng bǎi fú
（2）双肩平正，双臂前后自然摆动，摆幅
yǐ wéi yí shuāng jiān bù yào guò yú jiāng yìng
以 30°~35° 为宜，双肩不要过于僵硬。

shàng shēn tǐng zhí tóu zhèng tǐng xiōng shōu fù lì yāo
（3）上身挺直，头正、挺胸、收腹、立腰，
zhòng xīn shāo xiàng qián qīng
重心稍向前倾。

zhù yì liǎng zhī jiǎo de nèi cè luò dì shí lǐ xiǎng de xíng zǒu lù
（4）注意两只脚的内侧落地时理想的行走路
xiàn shì yī tiáo zhí xiàn
线是一条直线。

xíng zǒu shí qián jiǎo de jiǎo gēn yǔ hòu jiǎo de jiǎo jiān xiāng jù
（5）行走时，前脚的脚跟与后脚的脚尖相距
yuē wéi yī jiǎo cháng dàn yīn xìng bié bù tóng huò shēn gāo bù tóng huì yǒu yī
约为一脚长，但因性别不同或身高不同会有一
dìng de chā yì lìng wài bù fú yǔ fú shì yě yǒu guān xi rú nǚ shì
定的差异。另外，步幅与服饰也有关系，如女士
chuān qún zhuāng shí bù fú yīng xiǎo xiē chuān cháng kù shí bù fú kě dà
穿裙装时步幅应小些，穿长裤时步幅可大
xiē kuà chū de bù zi yīng shì quán jiǎo zhǎng zháo dì xī hé jiǎo wàn bù
些。跨出的步子应是全脚掌着地，膝和脚腕不
kě guò yú jiāng zhí
可过于僵直。

tíng bù guǎi wān shàng xià lóu tī shí yīng cóng róng bù
（6）停步、拐弯、上下楼梯时，应从容不
pò kòng zhì zì rú
迫，控制自如。

如何运用真挚的笑容

在人际交往中，微笑起着不可低估的作用。微笑是社交场合中最富有吸引力、最有价值的面部表情，它表现着人际关系中友善、诚信、谦恭、和蔼、融洽等最为美好的感情因素。

与人初次见面时，给人一个亲切的微笑，在一瞬间就拉近了双方的心理距离，消除了双方的拘束感；与朋友见面时打个招呼，点头微笑，显得和谐、融洽；老师对学生报以微笑可以使学生消除紧张情绪，同

19

时，敬畏感也会被信任感和亲切感代替；上级给下级一个微笑，会让人感到平易近人；服务员面带微笑，就会使顾客有"宾至如归"之感，反之，顾客向服务员报以微笑，显示出对对方的尊重与理解，能消解对方的烦躁与疲劳；外交家与企业家更是把微笑视为第一交际语言，并在国际交往及经济交往中频繁地运用。周恩来总理闻名中外的"微笑外交"便是一个很好的例证。

　　但需注意的是，微笑一定要自然坦诚、发自内心，切不可故作笑颜，假意奉承。在正式场合不可放声大笑，倘若别人身上有什么可笑的地方更不能笑，否则就是失礼。大笑起来不能前仰后合，抚肚捶胸。

　　俗话说"伸手不打笑脸人"，一张带着微笑

的脸总是受人喜爱的。人们喜欢《蒙娜丽莎》也正是因为喜欢她那"永恒的微笑"。一个善于通过笑容表达美好情感的人，可以让自己更富有魅力，也会给他人带去更多的美感。交际形象也会因落落大方、面带微笑而显得更动人、更有风度。而诸如愁容满面、双眉紧锁、怒目而视、怒发冲冠等表情则既让朋友不敢接近，又伤身体。

如何正确使用手势

在人际交往中，手势是不可缺少的姿势，也是最有表现力的一种"肢体语言"。手势美是一种动态美，如果能恰当地运用手势来表情达意，会为交际形象增辉。但使用手势应注意下面几个问题：

（1）手势的使用不宜过于单调，也不能做得过多。与人交谈时，随便乱做手势，则会影响别人对你说话内容的理解。

（2）在打招呼、致意、告别、欢呼、鼓掌时，应注意动作力度的大小、速度的快慢、时间的长短。观看体育比赛、文艺演出或欢迎时的鼓掌，应该由右手手掌轻拍左手掌心，不可

22

tài yòng lì   yě bù néng bù gǔ zhǎng gèng bù yīng gāi yòng gǔ zhǎng biǎo
太用力，也不能不鼓掌。更不应该用鼓掌 表

shì bù mǎn   jí hè dào cǎi
示不满，即喝倒彩。

zài rèn hé qíng kuàng xià   bù yào yòng mǔ zhǐ zhǐ zhe zì
（3）在任何情况下，不要用拇指指着自

jǐ de bí jiān hé yòng shǒu zhǐ diǎn tā rén   tán dào zì jǐ shí yīng yòng
已的鼻尖和用手指点他人。谈到自己时应用

shǒu zhǎng qīng pāi zì jǐ de zuǒ xiōng   nà yàng huì xiǎn de duān zhuāng   dà
手掌轻拍自己的左胸，那样会显得端庄、大

fang   kě xìn   yòng shǒu zhǐ diǎn tā rén de shǒu shì shì bù lǐ mào de
方、可信。用手指点他人的手势是不礼貌的。

jiè shào mǒu rén   wèi mǒu rén zhǐ shì fāng xiàng   qǐng rén zuò mǒu
（4）介绍某人，为某人指示方向，请人做某

shì shí   yīng gāi bǎ shǒu bì shēn zhí
事时，应该把手臂伸直，

shǒu zhǐ zì rán bìng lǒng   zhǎng xīn xiàng shàng
手指自然并拢，掌心向上，

yǐ zhǒu guān jié wéi zhóu   zhǐ míng fāng
以肘关节为轴，指明方

xiàng   shàng shēn shāo xiàng qián qīng   yǐ
向，上身稍向前倾，以

shì jìng zhòng   zhè zhǒng shǒu shì bèi rèn wéi shì
示敬重，这种手势被认为是

chéng kěn   gōng jìng   yǒu lǐ mào de biǎo xiàn
诚恳、恭敬、有礼貌的表现。

yǒu xiē shǒu shì zài shǐ yòng shí hái yīng
（5）有些手势在使用时还应

zhù yì gè guó de bù tóng xí guàn   bù kě yǐ
注意各国的不同习惯，不可以

luàn yòng
乱用。

　　bǐ rú　　zhōng guó hé yī xiē guó jiā rèn wéi shù qǐ dà mu zhǐ shí biǎo
比如，中国和一些国家认为竖起大拇指时表

shì chēng zàn kuā jiǎng　dàn ào dà lì yà rén zé rèn wéi shù qǐ dà mu
示称赞夸奖，但澳大利亚人则认为竖起大拇

zhǐ　　yóu qí shì héng xiàng shēn chū dà mu zhǐ　　shì yī zhǒng wū rǔ
指，尤其是横向伸出大拇指，是一种污辱。

　　zài zhōng guó hé rì běn　zhāo hu bié ren guò lai shí　　shì shēn chū
在中国和日本，招呼别人过来时，是伸出

shǒu　shǒu zhǎng xiàng xià huī dòng　dàn zài měi guó　zhè zhǒng shǒu shì zé
手，手掌向下挥动，但在美国，这种手势则

shì huàn gǒu de
是唤狗的。

　　dà jiā shú xī de　　　zì xíng shǒu shì　biǎo shì shèng lì　qiū
大家熟悉的"V"字形手势，表示胜利，丘

jí ěr zuì chū shǐ yòng shí shì zhǎng xīn xiàng wài　ruò shì nǐ bù shèn jiāng
吉尔最初使用时是掌心向外，若是你不慎将

shǒu bèi xiàng wài le　　nà zài yīng guó rén de yǎn zhōng shì shāng fēng
手背向外了，那在英国人的眼中是伤风

bài sú de
败俗的。

　　ā lā bó rén jiāng liǎng zhī xiǎo mu zhǐ lā zài yī qǐ biǎo shì duàn jiāo
阿拉伯人将两只小拇指拉在一起表示断交，

jí bǔ sài rén dǎn qù jiān shang de chén tǔ biǎo shì ràng nǐ kuài gǔn kāi
吉卜赛人掸去肩上的尘土表示让你快滚开。

如何鞠躬

鞠躬是表示对他人敬重的一种郑重的礼节。在中国，鞠躬常用于下级向上级、学生向老师、晚辈向长辈表达由衷的敬意，也常用于服务人员向宾客致意，有时还用于向他人表达深深的感激之情。

那如何鞠躬呢？

首先应该立正站好，保持身体端正，同时双手在体前搭好，右手搭在左手上，面带微笑。鞠躬时，以腰部为轴，整个腰肩部向前倾斜15°~30°，目光应该向下。同时问候"你好""早上好""欢迎光临"等。

若是迎面碰上对方要向对方鞠躬时，则在鞠躬后，向右边跨出一步，给对方让路。

鞠躬时需注意以下几方面。

（1）鞠躬时必须脱下帽子，戴帽子鞠躬是不礼貌的，也会使帽子掉下来。

（2）鞠躬时，嘴里不可吃东西或叼着香烟。

（3）鞠躬礼毕直起身时，双眼应该有礼貌地注视对方，如果视线移到别处，即使行了鞠躬礼，也会让人感到你不是诚心诚意的。

zài tǐ yù bǐ sài shí jīng cháng kàn dào zhè yàng de zì yǎn yǒu yì
在体育比赛时，经常看到这样的字眼，"友谊

dì yī bǐ sài dì èr měi yī gè néng gòu zhèng què duì dài tǐ yù
第一，比赛第二"。每一个能够 正确对待体育

huó dong de rén dōu yào gāo gāo xìng xìng de cān jiā tǐ yù huó dong zài cān
活动的人，都要高高兴兴地参加体育活动。在参

jiā bǐ sài shí yǒu de rén yě huì ào nǎo huò zhě yáng yáng zì dé dàn
加比赛时，有的人也会懊恼或者洋洋自得，但

zhè dōu zhǐ shì yī shà de shì qing hěn kuài tā liǎn shang
这都只是 一霎的事情，很快他脸 上

yòu huì fú xiàn chū
又会浮现出

yú kuài dàn bù jiāo
愉快但不骄

ào de wēi xiào
傲的微笑，

yīn wèi yī gè ài hào
因为一个爱好

tǐ yù yùn dòng de rén
体育运动的人

méi yǒu rèn hé lǐ yóu
没有任何理由

bù shí cháng lù chū
不时常露出

xiào róng
笑容。

cān jiā tǐ yù bǐ sài bù yào guò fèn jì jiào dé shī suī rán zài bǐ sài
参加体育比赛不要过分计较得失，虽然在比赛

zhōng diū diào yī xiē yǒu zhēng yì de fēn shù hěn kě xī dàn méi yǒu shén me
中丢掉一些有争议的分数很可惜，但没有什么

bǐ nǐ de fēng dù gèng zhòng yào yīn cǐ jué duì bù yào hé cái pàn zhēng
比你的风度更重要。因此，绝对不要和裁判争

biàn zhēng qiáng hào shèng de jìn tóu yīng gāi biǎo xiàn zài bǐ sài zhōng ér bù
辩，争强好胜的劲头应该表现在比赛中，而不

shì wú wèi de zhēng lùn shang
是无谓的争论上。

zài tǐ yù huó dong zhōng yào tǎn rán miàn duì shū yíng duì yú yī gè
在体育活动中要坦然面对输赢。对于一个

jù yǒu yùn dòng jīng shén de rén lái shuō guò chéng shì tā suǒ guān zhù
具有"运动精神"的人来说，过程是他所关注

de ér shū yíng shì wú suǒ wèi de tā bù huì yīn wèi yíng le jiù lì kè
的，而输赢是无所谓的，他不会因为赢了，就立刻

bǎ zì jǐ xiǎng xiàng chéng cāng qióng shang de yī kē míng xīng yīn wèi tā
把自己想象成苍穹上的一颗明星，因为他

shēn zhī yī gè zì mǎn de shèng lì zhě shèn zhì bǐ chà jìn de shī bài zhě
深知，一个自满的胜利者甚至比差劲的失败者

hái yào lìng rén yàn wù dāng tā shū le shí tā yě huì tǎn rán jiē shòu xiàn
还要令人厌恶。当他输了时，他也会坦然接受现

shí bù huì jǐn běng zhe liǎn mán yuàn tóng bàn huò dié dié bù xiū de
实，不会紧绷着脸，埋怨同伴，或喋喋不休地

jiě shì dāng rán duì yú shèng lì tā yě méi yǒu bì yào jiǎ qiān xū shì
解释。当然对于胜利，他也没有必要假谦虚，适

dù de xǐ yuè fǎn ér huì shǐ rén jué de tā gèng yǒu rén qíng wèi er
度的喜悦反而会使人觉得他更有"人情"味儿。

28

参加开学典礼时应该如何做

cān jiā kāi xué diǎn lǐ shí yīng gāi rú hé zuò

kāi xué diǎn lǐ shì xué xiào wèi qìng hè xīn shēng rù xiào ér jǔ xíng de
开学典礼是学校为庆贺新生入校而举行的

lóng zhòng de qìng diǎn yí shì jǔ xíng kāi xué diǎn lǐ shì duì xīn shēng
隆重的庆典仪式。举行开学典礼，是对新生

jìn xíng rù xué jiào yù de dì yī kè tā bù jǐn kě yǐ shǐ xīn shēng liǎo jiě
进行入学教育的第一课，它不仅可以使新生了解

xué xiào de lì shǐ hé xiàn
学校的历史和现

zhuàng ér qiě kě yǐ shǐ
状，而且可以使

xīn shēng míng liǎo xué xiào
新生明了学校

de péi yǎng mù biāo hé guǎn
的培养目标和管

lǐ zhì dù liǎo jiě xué
理制度，了解学

xiào shēng huó de tè diǎn
校生活的特点，

wèi jǐn kuài shì yìng xué xiào
为尽快适应学校

de xué xí hé shēng huó zuò
的学习和生活做

hǎo sī xiǎng zhǔn bèi
好思想准备。

开学典礼是新生入学后参加的第一项集体活动，因此，不要无故缺席，不要迟到，应跟随班集体提前到达会场，到指定位置就座。在主持人宣布开学典礼开始或介绍学校各级领导和来宾时，在领导及教师、学生代表发言时，都应当适时地报以热烈的掌声。奏国歌时，要听从主持人的指挥。原地起立，呈立正姿势。在开学典礼的整个过程中，要注意认真听，不要交头接耳，不要做与典礼无关的事情。不要随地吐痰，不要乱扔杂物，要保持会场的清洁卫生。

开学典礼结束时，应等主席台上的领导、来宾退席后再退场。

参加毕业典礼时应该如何做

cān jiā bì yè diǎn lǐ shí yīng gāi rú hé zuò

毕业典礼是学校为毕业生举行的隆重的毕
业庆典仪式，是学校对学生进行毕业教育的最
后环节。通过毕业典礼，毕业生可以牢记学校
老师的希望和嘱托，信心百倍地投入到新的学习
生活中去。

毕业典礼是学生在校期
间参加的最后一次
学校性集会，因此
要认真对待，积极参
加，不要无故缺席。
要严格遵守会场纪
律，切不可因为即将离开

学校就随随便便，无所顾忌，破坏良好的会场秩序。在校领导、教师以及学生代表发言时，在毕业生代表接过校领导授予的毕业证书、荣誉证书时，在毕业生先进个人、先进集体代表登台领奖时，都要适时地鼓掌表示欢迎和祝贺。毕业典礼结束时，要等主席台成员退席后再退场。

zài xíng lù shang yīng gāi rú hé zuò
在行路上应该如何做

yī gè rén shàng xué dú shū shàng bān gōng zuò   wài chū bàn shì shàng jiē
一个人上学读书，上班工作，外出办事，上街

gòu wù   sàn bù xiāo qiǎn dōu lí bù kāi xíng lù   xíng lù zhōng yě yào zūn xún
购物，散步消遣都离不开行路。行路中也要遵循

yīng yǒu de lǐ yí guī fàn   jiǎng jiu wén míng lǐ mào
应有的礼仪规范，讲究文明礼貌。

zài lù shang yù dào shú rén   yào zhǔ dòng dǎ zhāo hu hù zhì wèn
1. 在路上遇到熟人，要主动打招呼互致问

候，不能视而不见。如遇到久别的朋友，寒暄之后想多作交谈，应引至路边，不要站在道路当中或人多拥挤的地方，不能妨碍人们的行走或车辆的通行。

2. 在问路时，要注意语言和行为的礼貌。首先要用礼貌的语言打招呼，如"劳驾""请问"等，然后根据年龄特点选择称呼，如"老大爷""阿姨""叔叔""小朋友"等。发问要用请求语气，发问后无论对方能否为你指路，均要诚恳致谢。有人向自己问路时，无论本地人或外地人，都要热情指点。如确实不知可请其转问他人，并表示歉意，不可以告诉一个错误的地方。

3. 在路上要注意维护环境卫生，不随地吐痰，不乱扔果皮等杂物，而应将其扔到果皮箱或垃圾桶中。

4. 城市街道人来人往，车水马龙，因此在行走中一定要注意安全礼让，保证安全，过马路一定要走人行横道，避免来往车辆，不能低头猛跑。在人多拥挤的地方要循序而行，不挤不抢。雨雪等恶劣天气，尤需注意安全。对意外跌倒碰伤的行人要尽力相助。骑自行车要严格遵守有关交通规则，注意信号灯，服从交通警察的指挥，特别注意礼让机动车和行人，以保证安全。

5. 在行路途中要自觉遵守社会公德，也要维护社会公德，敢于和违法行为作斗争。在街上遇到别人发生矛盾，不要围观起哄、添火加油。

在商店购物应该如何做

在商场购物，首先要做到先来后到，要自觉排好队。轮到自己买商品时，对售货员要尊重，称呼"小姐""先生""同志"，不可"哎、哎"地乱叫。付款领货后，要道一声"谢谢"。购物前，最好先多看看，稍微考虑一下，打定主意再请售货员拿货，不可不停地挑选，以免影响其他顾客购物。

在挑选易碎、易损、易污品时，要格外小心谨慎，注意轻拿轻放。

万一由于不小心弄坏了物品，应主动提出赔偿损失，或者把弄脏弄坏的东西买下来。

购物者如果到超级市场或自选商场去买东西，在选购商品时要注意贴在商品上的物价标签，大致估计带的钱是否能够支付所买的东西。否则，在交款时拿不出钱是很尴尬的。购物完毕后，要对收款人说"谢谢"，感谢他的服务。

购买好物品后，如发现质量问题，可以退换，售货员给你退换了，应表示感谢。如果售货员不给退换，不要与其争吵，应好好分析物品的质量问题，求得售货员的理解。经过分析，物品确属不能退换的，比如内衣，一些食品、药品等，就不要退换。假如跟售货员争吵不休，非退换不可，就是失礼了。应退换而不给退换的，也不要吵架，应找其领导协商解决。

<ruby>在<rt>zài</rt></ruby><ruby>图<rt>tú</rt></ruby><ruby>书<rt>shū</rt></ruby><ruby>馆<rt>guǎn</rt></ruby><ruby>里<rt>li</rt></ruby><ruby>应<rt>yīng</rt></ruby><ruby>该<rt>gāi</rt></ruby><ruby>如<rt>rú</rt></ruby><ruby>何<rt>hé</rt></ruby><ruby>做<rt>zuò</rt></ruby>

<ruby>学<rt>xué</rt></ruby><ruby>校<rt>xiào</rt></ruby><ruby>和<rt>hé</rt></ruby><ruby>公<rt>gōng</rt></ruby><ruby>共<rt>gòng</rt></ruby><ruby>图<rt>tú</rt></ruby><ruby>书<rt>shū</rt></ruby><ruby>馆<rt>guǎn</rt></ruby><ruby>的<rt>de</rt></ruby><ruby>综<rt>zōng</rt></ruby><ruby>合<rt>hé</rt></ruby><ruby>阅<rt>yuè</rt></ruby><ruby>览<rt>lǎn</rt></ruby><ruby>室<rt>shì</rt></ruby><ruby>里<rt>li</rt></ruby>，<ruby>读<rt>dú</rt></ruby><ruby>者<rt>zhě</rt></ruby><ruby>较<rt>jiào</rt></ruby><ruby>多<rt>duō</rt></ruby>，<ruby>早<rt>zǎo</rt></ruby><ruby>来<rt>lái</rt></ruby><ruby>的<rt>de</rt></ruby><ruby>人<rt>rén</rt></ruby><ruby>不<rt>bù</rt></ruby><ruby>应<rt>yīng</rt></ruby><ruby>该<rt>gāi</rt></ruby><ruby>给<rt>gěi</rt></ruby><ruby>晚<rt>wǎn</rt></ruby><ruby>来<rt>lái</rt></ruby><ruby>的<rt>de</rt></ruby><ruby>人<rt>rén</rt></ruby><ruby>占<rt>zhàn</rt></ruby><ruby>座<rt>zuò</rt></ruby><ruby>位<rt>wei</rt></ruby>。<ruby>如<rt>rú</rt></ruby><ruby>果<rt>guǒ</rt></ruby><ruby>人<rt>rén</rt></ruby><ruby>少<rt>shǎo</rt></ruby>，<ruby>也<rt>yě</rt></ruby><ruby>不<rt>bù</rt></ruby><ruby>能<rt>néng</rt></ruby><ruby>利<rt>lì</rt></ruby><ruby>用<rt>yòng</rt></ruby><ruby>空<rt>kòng</rt></ruby><ruby>座<rt>zuò</rt></ruby><ruby>椅<rt>yǐ</rt></ruby><ruby>躺<rt>tǎng</rt></ruby><ruby>下<rt>xià</rt></ruby><ruby>休<rt>xiū</rt></ruby><ruby>息<rt>xi</rt></ruby>，<ruby>那<rt>nà</rt></ruby><ruby>样<rt>yàng</rt></ruby><ruby>有<rt>yǒu</rt></ruby><ruby>失<rt>shī</rt></ruby><ruby>文<rt>wén</rt></ruby><ruby>雅<rt>yǎ</rt></ruby>。<ruby>图<rt>tú</rt></ruby><ruby>书<rt>shū</rt></ruby><ruby>馆<rt>guǎn</rt></ruby><ruby>的<rt>de</rt></ruby><ruby>阅<rt>yuè</rt></ruby><ruby>览<rt>lǎn</rt></ruby><ruby>室<rt>shì</rt></ruby>、<ruby>资<rt>zī</rt></ruby><ruby>料<rt>liào</rt></ruby><ruby>室<rt>shì</rt></ruby>，<ruby>一<rt>yī</rt></ruby><ruby>般<rt>bān</rt></ruby><ruby>都<rt>dōu</rt></ruby><ruby>订<rt>dìng</rt></ruby><ruby>有<rt>yǒu</rt></ruby><ruby>阅<rt>yuè</rt></ruby><ruby>览<rt>lǎn</rt></ruby><ruby>规<rt>guī</rt></ruby><ruby>则<rt>zé</rt></ruby>，<ruby>以<rt>yǐ</rt></ruby><ruby>保<rt>bǎo</rt></ruby><ruby>证<rt>zhèng</rt></ruby><ruby>大<rt>dà</rt></ruby><ruby>家<rt>jiā</rt></ruby><ruby>有<rt>yǒu</rt></ruby><ruby>秩<rt>zhì</rt></ruby><ruby>序<rt>xù</rt></ruby><ruby>地<rt>de</rt></ruby><ruby>查<rt>chá</rt></ruby><ruby>阅<rt>yuè</rt></ruby>。<ruby>在<rt>zài</rt></ruby><ruby>这<rt>zhè</rt></ruby><ruby>里<rt>li</rt></ruby><ruby>看<rt>kàn</rt></ruby><ruby>书<rt>shū</rt></ruby><ruby>或<rt>huò</rt></ruby><ruby>者<rt>zhě</rt></ruby><ruby>查<rt>chá</rt></ruby>

找资料要遵守阅览室规则，保持室内安静，不要在这里大声喧哗，也不要与熟人闲聊，带手机的要关掉，以免影响他人学习。

在图书馆要学习一天，又自备了午餐的，可到休息室去吃，不要在阅览室里吃。这样，一来有利于维护学习气氛，二来对其他读者也显得有礼貌。

借书要遵循借书程序，如期归还。图书是知识的载体，历史的档案，所以爱护图书十分重要。对图书馆的书千万不要折角，不要在书上画标记，更要禁止把自己需要的资料、图片撕下来或"开天窗"。图书馆的书是为大家服务的，毁坏图书是卑劣行为，将受到批评和严肃处理。如需要资料，可与工作人员接洽，到复印部门去复印。

在影剧院应该如何做

zài yǐng jù yuàn yīng gāi rú hé zuò

yǐng jù yuàn shì rén men yú lè xiū xi de chǎng suǒ　zài zhè zhǒng chǎng
影剧院是人们娱乐休息的场所，在这种 场

suǒ　gèng néng kàn chū yī gè rén de wén míng chéng dù
所，更能看出一个人的文明程度。

dào yǐng jù yuàn kàn xì huò kàn diàn yǐng　yīng tí qián dào chǎng rù zuò
到影剧院看戏或看电影，应提前到场入座。

rú ruò chí dào　yīng zài mù jiān rù chǎng　rú zài diàn yǐng kāi chǎng hòu dào chǎng
如若迟到，应在幕间入场。如在电影开场后到 场

zé yīng suí fú wù yuán qiāo qiāo rù zuò　chuān guò zuò wei shí zī shì yào dī　jiǎo
则应随服务员悄悄入座。穿过座位时姿势要低，脚

bù yào qīng　bù yào yǐng xiǎng tā rén guān kàn　duì qǐ shēn wèi nǐ ràng zuò de
步要轻，不要影响他人观看，对起身为你让座的

tóng pái guān zhòng yào zhì xiè　yào zì jué zūn
同排观众要致谢。要自觉遵

shǒu chǎng nèi guī dìng　bù chī yǒu shēng
守 场内规定，不吃有 声

xiǎng de shí wù　bù suí dì tǔ tán
响的食物，不随地吐痰，

bù luàn rēng guǒ pí zhǐ xiè
不乱扔果皮纸屑。

jié mù yǎn chū　yǐng piàn
节目演出、影片

fàng yìng dāng zhōng　yào bǎo chí
放映当中，要保持

安静，不要大声谈笑、随声哼唱、以手击拍或大声评论。遇咳嗽、打喷嚏时，要压低声音，用手帕捂住口鼻，以防止唾沫飞溅他人身上。青年朋友到影剧院，举止要端庄，不要窃窃私语，影响他人。

应尊重演员的艺术劳动。每个节目演完，应鼓掌致谢。演员表演出现失误，要给予谅解，不应喝倒彩、起哄、吹口哨或作出其他有辱演员人格的举动。电影中途断片，亦应耐心等待，不要随意走动、喧闹起哄。

演出或影片放映中，不应随便退场，不得已退场时，离座动作要轻、身姿放低，不要站在过道或剧场门口。散场前提前退场是对演员的不尊重，也会影响其他观众的观赏和情绪，是不礼貌的行为。

在餐厅应该如何做
zài cān tīng yīng gāi rú hé zuò

我们应该在平时养成良好的就餐习惯，做
wǒ men yīng gāi zài píng shí yǎng chéng liáng hǎo de jiù cān xí guàn zuò

到吃有"吃相"。学会尊重别人、塑造形象等。
dào chī yǒu chī xiàng xué huì zūn zhòng bié rén sù zào xíng xiàng děng

具体来说，在餐厅用餐的时候应该注意以下
jù tǐ lái shuō zài cān tīng yòng cān de shí hou yīng gāi zhù yì yǐ xià

方面。
fāng miàn

1.就餐之前，到洗手间里洗手，把口香糖吐到
jiù cān zhī qián dào xǐ shǒu jiān li xǐ shǒu bǎ kǒu xiāng táng tǔ dào

垃圾箱里。
lā jī xiāng li

2.就餐时，不要用口去接食物。不
jiù cān shí bù yào yòng kǒu qù jiē shí wù bù

要从大块食物上咬一口，再将剩
yào cóng dà kuài shí wù shang yǎo yī kǒu zài jiāng shèng

下的部分放回去，更不能从桌
xià de bù fen fàng huí qu gèng bù néng cóng zhuō

子上把盘子端起来，往自己碗
zi shang bǎ pán zi duān qǐ lai wǎng zì jǐ wǎn

里添加食物。
li tiān jiā shí wù

3.在喝果汁等饮料时，
zài hē guǒ zhī děng yǐn liào shí

yīng xiān yòng cān jīn mǒ zuǐ　　bù yào bǎ shí wù zhā zi liú zài bō li qì mǐn
应先用餐巾抹嘴，不要把食物渣子留在玻璃器皿

shang　rán hòu zài mànmàn hē　　bù yào yī kǒu qì dōu hē xià qu le
上。然后再慢慢喝，不要一口气都喝下去了。

　　　　　　yòng cān shí　　rú shí wù jiào tàng　　bù néng duì zhe shí wù chuī
4.用餐时，如食物较烫，不能对着食物吹

qì　　zhè zài cān tīng zhè yàng de gōng gòng chǎng hé shì shī lǐ de
气，这在餐厅这样的公共场合是失礼的。

　　　　　　zài jiù cān de shí hou　　zuò zī bì xū duān zhèng　liǎng tuǐ píng
5.在就餐的时候，坐姿必须端正，两腿平

fàng zài dì bǎn shang　bèi bù tǐng zhí　　bù yào qiāo zhe èr láng tuǐ　　rù
放在地板上，背部挺直，不要跷着二郎腿。入

zuò hòu bǎ shuāng shǒu fàng zài xī gài shang　bù yào lǎn sǎn de zuò zài yǐ
座后把双手放在膝盖上。不要懒散地坐在椅

zi shang huò zhě bǎ yǐ zi kào de wǎng hòu qīng xié chéng zhǐ yǒu liǎng tiáo tuǐ
子上或者把椅子靠得往后倾斜成只有两条腿

zhī cheng　gèng bù yào pán tuǐ
支撑，更不要盘腿。

　　　　　　zhèng què shǐ yòng kuài zi　　yòng cān shí　　kuài zi bù yào zài cài
6.正确使用筷子。用餐时，筷子不要在菜

shang luàn huī dòng　　bù yào yòng kuài zi chuān cài chī　　bù yào jiāng kuài zi
上乱挥动，不要用筷子穿菜吃，不要将筷子

hán zài kǒu zhōng　　bù yào yòng kuài zi qù jiǎo cài　　bù yào bǎ kuài zi dàng
含在口中，不要用筷子去搅菜，不要把筷子当

zuò yá qiān　　bù yào yòng kuài zi qiāo jī zhuō wǎn　　bù yào yòng kuài zi zhǐ
作牙签，不要用筷子敲击桌碗，不要用筷子指

diǎn tā rén　　hē tāng shí　　yīng bǎ kuài zi fàng xià　　bù yào yī shǒu ná
点他人。喝汤时，应把筷子放下，不要一手拿

kuài zi　yī biān hē tāng
筷子一边喝汤。

zěn yàng kāi fā zhì lì
怎样开发智力

rén de zhì lì shì kě yǐ bèi wú xiàn kāi fā de　　jí shǐ ài yīn sī tǎn yě
人的智力是可以被无限开发的，即使爱因斯坦也

zhǐ kāi fā le dà nǎo zhì lì de　　　suǒ yǐ　　wǒ men zhǐ yào kē xué de kāi
只开发了大脑智力的10%。所以，我们只要科学地开

fā zhì lì　dōu kě néng chéng wéi kē xué jiā
发智力，都可能 成 为科学家。

dì yī　　yào zēng qiáng chōu xiàng sī
第一，要增强 抽象 思

wéi néng lì　zhè shì kē xué hé wén xué
维能力，这是科学和文学

yán jiū de jī běn gōng
研究的基本功。

dì èr　　jiā qiáng yǔ yán
第二，加强语言

néng lì hé jì suàn néng lì
能力和计算能力。

dì sān　　xué huì zuò bǐ
第三，学会做笔

jì　　zhè yǒu zhù yú jiā qiáng lǐ
记。这有助于加强理

jiě　tí gāo zhù yì lì hé jì yì lì
解，提高注意力和记忆力。

dì sì　　tí gāo jiě jué wèn tí de
第四，提高解决问题的

néng lì　 yǒu le wèn tí　 bù yào děng zhe lǎo shī huò jiā zhǎng qù jiě jué
能力。有了问题，不要等着老师或家长去解决，

ér yīng gāi zài tā men de yǐn dǎo xià　 zì jǐ qù shí bié　 pàn duàn　cóng ér
而应该在他们的引导下，自己去识别、判断，从而

zhèng què de jiě jué wèn tí
正确地解决问题。

　dì wǔ　 fēng fù zì jǐ de yè yú shēng huó　cān jiā shè huì wén huà
第五，丰富自己的业余生活，参加社会文化

huó dòng
活动。

　dì liù　 xuǎn zé zì jǐ gǎn xìng qù de fāng xiàng
第六，选择自己感兴趣的方向。

kāi fā dà nǎo zhì lì de yùn dòng fāng fǎ zhǔ yào yǒu　 shēn lǎn yāo
开发大脑智力的运动方法主要有：伸懒腰、

tiào shéng　dǎo lì　 cì jī shǒu zhǎng　mó cā jiǎo xīn　 tóu bù àn mó
跳绳、倒立、刺激手掌、摩擦脚心、头部按摩、

xuán zhuǎn yùn dòng děng
旋转运动等。

45

zěn yàng tí gāo guān chá lì
怎样提高观察力

guān chá lì shì zhì lì huó dong de yuán quán　rén de zhì lì huó dong
观察力是智力活动的源泉，人的智力活动

shì cóng guān chá kāi shǐ de　guān chá lì shì wǒ men xué xí jìn bù de
是从观察开始的。观察力是我们学习进步的

bǎo zhàng　bù guǎn xué hǎo nǎ mén xué kē dōu xū yào yǒu chāo cháng de guān
保障，不管学好哪门学科都需要有超常的观

chá lì　tí gāo guān chá lì xū jù bèi　dì yī　fēng fù de zhī shí jīng
察力。提高观察力须具备：第一，丰富的知识经

yàn dì èr liáng hǎo de xīn lǐ sù zhì dì sān míng què de guān chá
验；第二，良好的心理素质；第三，明确的观察

fāng xiàng dì sì péi yǎng jiàn jiē xìng qù dì wǔ kè fú nèi wài gān
方向；第四，培养间接兴趣；第五，克服内外干

rǎo jí zhōng jīng lì dì liù biàn huàn xué xí huó dong bǎ kàn
扰，集中精力；第六，变换学习活动，把看、

dú xiě jié hé qǐ lai jiāo tì jìn xíng
读、写结合起来，交替进行。

guān chá fāng fǎ zhǔ yào yǒu bā zhǒng quán miàn guān chá zhòng diǎn guān
观察方法主要有八种：全面观察、重点观

chá jiě pōu guān chá duì bǐ guān chá chóng fù guān chá cháng qī guān
察、解剖观察、对比观察、重复观察、长期观

chá yǒu xù guān chá hé duō fāng guān chá
察、有序观察和多方观察。

 梦 想 的 力 量

怎样提高记忆力

人的记忆有五个特征：第一，初段的记忆力较强；第二，后段的记忆力较强；第三，有联系的事情较易记忆；第四，突出的事物较易记忆；第五，经常温习，记忆力较强。

我们可以根据这五个特征，来提高记忆力，同时还要有提高记忆力的信心和丰富的知识。提高记忆力的方法有：联想记忆法、理解记忆法、选择记忆法、歌诀记忆法、音乐记忆法、谐音记忆法、强化记忆法、概括记忆法、复习记忆法、幽默记忆法、比较记忆法、系统记忆法、规律记忆法、切割记忆法、头尾记忆法、间隔交替记忆法、图形记忆法、提纲记忆法、列表记忆法、核心记忆法、争论记忆法、网络记忆法、字头记忆法、自我测试记忆法等。

怎样提高想象力

想象力是创造的源泉，拥有丰富的想象力是社会发展对我们青少年的要求。提高想象力主要有八个要点。

1. 学会模仿。许多有成就的人都是模仿大师的长处而得到启发，然后再在前人的基础上加以创新，走出自己的路子来，从模仿到创造，这就是想象力发展的结果。

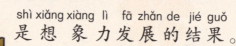

2. 不断储备新知识。想象不是凭空产生的，知识是想象力的基础。

3. 提高文学艺术修养。几乎所有的心理学家都非常强调文

xué yì shù xiū yǎng duì péi yǎng　 tí gāo xiǎng xiàng lì de zhòng yào xìng
学艺术修养对培养、提高想象力的重要性。

shàn yú guān chá　 guān chá yuè xì　 gǎn shòu yuè shēn　 xiǎng
　4.善于观察。观察越细，感受越深，想
xiàng lì jiù huì chí chěng qǐ lai
象力就会驰骋起来。

péi yǎng duō zhǒng xìng qù　 guǎng fàn de xìng qù hé duō fāng miàn
　5.培养多种兴趣。广泛的兴趣和多方面
de ài hào kě yǐ shǐ nǐ sī lù kāi kuò　 xiǎng xiàng yě jiù yǒu le guǎng
的爱好可以使你思路开阔，想象也就有了广
kuò de tiān dì
阔的天地。

fēng fù de biǎo xiàng chǔ bèi　 yī gè rén de xiǎng xiàng shuǐ píng
　6.丰富的表象储备。一个人的想象水平，
shì yǐ yī gè rén suǒ jù yǒu de biǎo xiàng shù liàng hé zhì liàng wéi yī jù de
是以一个人所具有的表象数量和质量为依据的，
zhǐ yǒu biǎo xiàng fēng fù　 xiǎng xiàng cái huì kāi kuò　 shēn kè　 xíng xiàng yě
只有表象丰富，想象才会开阔、深刻，形象也
huì gèng jiā shēng dòng bī zhēn
会更加生动逼真。

bì mù jìn qíng xiǎng xiàng　 xián lái wú shì　 zài ān jìng de
　7.闭目尽情想象。闲来无事，在安静的
huán jìng zhōng bì mù xiǎng xiàng　 zhè duì duàn liàn xiǎng xiàng lì yě yǒu hěn
环境中闭目想象，这对锻炼想象力也有很
dà bāng zhù
大帮助。

qīng zhù zì jǐ de gǎn qíng　 rén de xǔ duō qíng xù hé qíng
　8.倾注自己的感情。人的许多情绪和情
gǎn shì xiǎng xiàng huó dong de zhí jiē dòng lì
感是想象活动的直接动力。

kāi fā xiǎng xiàng lì de jù tǐ fāng fǎ yǒu　 fàn xiǎng fǎ　 cāi
开发想象力的具体方法有：泛想法、猜
xiǎng fǎ　 huànxiǎng fǎ　 lián xiǎng fǎ děng
想法、幻想法、联想法等。

#

zěn yàng kāi fā chuàng zào lì
怎样开发创造力

创造可以满足人类的一切需要，人们想上天，于是发明了飞机；想下海，于是发明了潜水艇；想变成"千里眼"，于是发明了望远镜；想成为"顺风耳"，于是发明了电话……没有创造，社会就会停滞不前，所以我们要培养创造意识，开发创造力。

第一，要进入创造角色。创造心境是进入创造角色的一种自我体验，是把自己想象成创造者的心理。

第二，把握创造的时空观念。创造者常常弄不清自己所处的空间，爱因斯坦在光线上生活，随着相对论远驰星空；伽利略乘坐地球这颗行星，游荡于茫茫太空；吴承恩则上天入地，无所不能。

第三，强化创造动机。创造动机是创造发明活动的内在动力，只有不断地强化它，才能使个体不断地思考和奋进。

第四，敢于突破常规，独辟蹊径。

第五，收集、整理素材，挖掘创造潜力。

第六，注意想象力的培养。想象力是创造力各要素中最需要的能力。

第七，学会正确思维。包括抽象概括思维、非逻辑思维联想、变换思考顺序和逆向边缘思考。

53

怎样提高注意力

zěn yàng tí gāo zhù yì lì

dāng wǒ men xīn shǎng měi lì de kǒng què shí wǒ men yào zhù yì kàn
当 我 们 欣 赏 美 丽 的 孔 雀 时，我 们 要 注 意 看；

dāng wǒ men xīn shǎng měi miào de yīn yuè shí wǒ men yào zhù yì tīng dāng wǒ
当 我 们 欣 赏 美 妙 的 音 乐 时，我 们 要 注 意 听；当 我

men shàng kè tīng jiǎng shí gèng yīng gāi jí zhōng jīng lì zhù yì tīng dàn shì
们 上 课 听 讲 时，更 应 该 集 中 精 力 注 意 听。但 是，

yǒu shí hou wǒ men zǒng shì wèi nán yǐ jí zhōng zhù yì lì ér fán nǎo rú hé
有 时 候，我 们 总 是 为 难 以 集 中 注 意 力 而 烦 恼。如 何

cái néng tí gāo zhù yì lì ne
才能提高注意力呢？

1. 保证身体健康。健康的身体是集中注意力
的首要条件。身体健康主要体现在提供足量的脑
营养、充足的睡眠和应付疲劳三方面。

2. 明确目的，增强责任感。充分认识自己做某
件事的意义和目的，是调动自己注意力、取得成
功的重要条件。

3. 对自己有信心。

4. 给自己规定期限与任务。

5. 由简到繁，循序渐进。要提高注意力，不能
急于一时，要从简单的任务开始，增强信心，一
步步走向成功。

提高注意力的方法主要有：明确任务法、兴趣
法、自我调节法、减少干扰法、交替学习法、劳逸
结合法、故事法、竞赛法、游戏法等。

zěn yàng zài yǐn shí fāng miàn tí gāo zhì lì
怎样在饮食方面提高智力

rén tǐ duì yíng yǎng sù de xū yào shì duō fāng miàn de rèn hé yī zhǒng
人体对营养素的需要是多方面的，任何一种

shí wù dōu bù néng bāo hán rén tǐ suǒ xū yào de quán bù yíng yǎng sù suǒ
食物，都不能包含人体所需要的全部营养素，所

yǐ zhǐ yǒu bǎo zhèng yǐn shí de duō yàng huà cái néng què bǎo shēn tǐ suǒ xū yào
以只有保证饮食的多样化才能确保身体所需要

de yíng yǎng gōng yìng jūn héng rú guǒ cháng qī piān shí tiāo shí dān chī
的营养供应均衡。如果长期偏食、挑食，单吃

yī zhǒng huò shǎo shù jǐ zhǒng shí wù jiù huì zào
一种或 少数几种食物，就会造

chéng tǐ nèi mǒu zhǒng yíng yǎng sù de quē fá
成 体 内某种营养素的缺乏，

ér bù néng bǎo chí shēn tǐ jiàn kāng suǒ
而不能 保持身体健康。所

yǐ wǒ men bù jǐn xū yào zhī
以， 我们不仅需要脂

fáng hé dàn bái zhì hái xū yào
肪和蛋白质，还需要

gè zhǒng wéi shēng sù táng lèi yǐ jí wú
各种维生素、糖类以及无

jī yán děng duō zhǒng yíng yǎng chéng
机盐等多种营养 成

fèn nà me chī shén me néng bǔ
分。那么吃什么能补

chōng zhè xiē yíng yǎng ne shū cài zhōng hán yǒu gè zhǒng wéi shēng sù kuàng
充 这些营养呢？蔬菜中含有各种维生素、矿

wù zhì mǐ miàn zhōng hán yǒu diàn fěn ròu dàn nǎi zhōng hán yǒu
物质；米、面中含有淀粉；肉、蛋、奶中含有

dàn bái zhì hé zhī fáng
蛋白质和脂肪。

duō chī dàn huáng jí hán wéi shēng sù de shí wù hán wéi shēng sù
多吃蛋黄及含维生素B的食物。含维生素

de shí wù zhǔ yào yǒu huā shēng mǐ huáng dòu xiāng jiāo shòu niú ròu niú
B的食物主要有花生米、黄豆、香蕉、瘦牛肉、牛

gān zhū gān zhū xīn xiǎo mǐ bái cài děng
肝、猪肝、猪心、小米、白菜等。

suān xìng shí wù shì duì zhì lì fā zhǎn yǒu hài de shí wù tā huì pò huài
酸性食物是对智力发展有害的食物，它会破坏

rén tǐ gōng néng guò duō de shí yòng suān xìng shí wù hái huì róng jiě shēn tǐ
人体功能。过多地食用酸性食物还会溶解身体

zhōng de gài zhì duì shēn tǐ de fā yù bù lì
中的钙质，对身体的发育不利。

shēng jiāng hé xiāng cài hěn róng yì sǔn hài zhì lì chī duō le hái huì yǐng
生姜和香菜很容易损害智力，吃多了还会影

xiǎng jì yì lì ér duì zhì lì wēi hài zuì dà de mò guò yú yān jiǔ suǒ yǐ
响记忆力。而对智力危害最大的莫过于烟酒，所以，

wǒ men yī dìng bù néng xī yān xù jiǔ
我们一定不能吸烟、酗酒。

怎样 让 大脑休息
zěn yàng ràng dà nǎo xiū xi

rén rén dōu yǒu liǎng gè bǎo shuāng shǒu hé dà nǎo wǒ men de dà
人人都有两个宝：双手和大脑。我们的大

nǎo shí kè dōu zài huó dong jí shǐ zài wǒ men shuì jiào de shí hou dà nǎo
脑，时刻都在活动，即使在我们睡觉的时候，大脑

yě zài bù tíng de gōng zuò guǎn lǐ zhe wǒ men de shēn tǐ huó dòng yě xǔ nǐ
也在不停地工作，管理着我们的身体活动。也许你

huì wèn wǒ men de dà nǎo huì
会问："我们的大脑会

bù huì lèi huài le a bù yòng
不会累坏了啊？"不用

dān xīn wǒ men de dà nǎo zhǐ
担心，我们的大脑只

yào bù shì cháng shí jiān gāo sù yùn
要不是长时间高速运

zhuǎn shì bù huì chū xiàn wèn tí de
转，是不会出现问题的。

huàn jù huà shuō yī gè rén de
换句话说，一个人的

dà nǎo zhǐ yào méi yǒu xiān tiān xìng de bìng lǐ
大脑只要没有先天性的病理

quē xiàn tā jiù kě yǐ chéng wéi tiān
缺陷，他就可以成为天

cái zhǐ yào dà nǎo de qián néng dé
才。只要大脑的潜能得

到超出一般的合理开发，他的能力就不会比爱因斯坦逊色。

但是，大脑潜能的开发，要一步一步地进行，如果"揠苗助长"，结果只能是用脑过度，造成大脑长期疲劳，甚至发生悲剧。

紧张地学习一段时间后，就要休息一下，先深深地伸个懒腰，排出肺部淤积的二氧化碳，再做一些简单的体操，然后继续集中精力学习。

取得好成绩之后怎么办

在学习的道路上，我们都在为取得好成绩而努力着。当我们在某个阶段取得了好成绩之后，我们除了喜悦，还应该怎么做呢？

首先，要明白"谦虚使人进步，骄傲使人落后"的道理。谦虚的人能学到更多东西。骄傲

自大的不良习惯，最终会影响个人的发展，甚至使我们失去同学，脱离集体，丧失目标，成为一个自私自利的人。一个人如果谦虚就会永远不知足，就会不断学习新知识、新事物，学习别人的长处和先进经验，使自己不断进步。而一些人骄傲自满，故步自封，由于不具备谦虚的品质，就不会懂得尊重他人，一味地自以为是，盛气凌人，不会团结他人，最终导致失败。"谦虚使人进步，骄傲使人落后"，只有明白了这个道理，才有利于我们今后的进步和成才。

其次，我们要肯定自己的成绩，总结成功路上的经验和不足，为下次取得更好的成绩而努力。

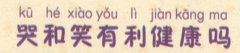

哭和笑有利健康吗

把微笑写在脸上，让自己拥有一份快乐的心情。

"有时候很烦，怎么也笑不出来。"是的，有时候烦恼的确让我们不知所措，但是为何不换个角度想想呢？说不定烦恼可以帮你进步。

当你不高兴的时候，并不一定要写在脸上，你可以找父母、同学或者亲近的朋友聊天，谈一些高兴的话题或者做一些自己喜欢的事情，慢慢地，你的心情就会好起来。

把微笑写在脸上，不仅可以使自己保持一份愉悦的心情，还会感染他人。可能你已经注意到，喜欢微笑的人，他的伙伴总是很多，他周围的人都会因为他的微笑而暂时忘记烦恼。

人们常说，笑比哭好。笑确实对健康有益，其实哭对健康也是十分有益的。我们可能有这样的体会和感受：当受了委屈，或者悲痛欲绝的时候，只要痛痛快快地哭一场，就会感到轻松了很多。

哭使人健康，时常哭哭可以增强泪腺，同时毒素也可以通过眼泪排出。谁也不能保证不会紧张和激动，感情强烈冲动时，血液涌向心脏，血压猛然上升，会有一种心脏快要胀破的感觉，这种情况医学上叫痉挛。这时就需要通过哭来进行放松。

<ruby>怎<rt>zěn</rt></ruby><ruby>样<rt>yàng</rt></ruby><ruby>赞<rt>zàn</rt></ruby><ruby>赏<rt>shǎng</rt></ruby><ruby>别<rt>bié</rt></ruby><ruby>人<rt>rén</rt></ruby>

<ruby>莎<rt>shā</rt></ruby><ruby>士<rt>shì</rt></ruby><ruby>比<rt>bǐ</rt></ruby><ruby>亚<rt>yà</rt></ruby><ruby>曾<rt>céng</rt></ruby><ruby>经<rt>jīng</rt></ruby><ruby>说<rt>shuō</rt></ruby><ruby>过<rt>guò</rt></ruby><ruby>这<rt>zhè</rt></ruby><ruby>样<rt>yàng</rt></ruby><ruby>一<rt>yī</rt></ruby><ruby>句<rt>jù</rt></ruby><ruby>话<rt>huà</rt></ruby>："<ruby>赞<rt>zàn</rt></ruby><ruby>美<rt>měi</rt></ruby><ruby>是<rt>shì</rt></ruby><ruby>照<rt>zhào</rt></ruby><ruby>在<rt>zài</rt></ruby><ruby>人<rt>rén</rt></ruby><ruby>心<rt>xīn</rt></ruby><ruby>灵<rt>líng</rt></ruby><ruby>上<rt>shang</rt></ruby><ruby>的<rt>de</rt></ruby><ruby>阳<rt>yáng</rt></ruby><ruby>光<rt>guāng</rt></ruby>。<ruby>没<rt>méi</rt></ruby><ruby>有<rt>yǒu</rt></ruby><ruby>阳<rt>yáng</rt></ruby><ruby>光<rt>guāng</rt></ruby>，<ruby>我<rt>wǒ</rt></ruby><ruby>们<rt>men</rt></ruby><ruby>就<rt>jiù</rt></ruby><ruby>不<rt>bù</rt></ruby><ruby>能<rt>néng</rt></ruby><ruby>生<rt>shēng</rt></ruby><ruby>长<rt>zhǎng</rt></ruby>。"<ruby>在<rt>zài</rt></ruby><ruby>人<rt>rén</rt></ruby><ruby>与<rt>yǔ</rt></ruby><ruby>人<rt>rén</rt></ruby><ruby>的<rt>de</rt></ruby><ruby>交<rt>jiāo</rt></ruby><ruby>往<rt>wǎng</rt></ruby><ruby>中<rt>zhōng</rt></ruby>，<ruby>适<rt>shì</rt></ruby><ruby>当<rt>dàng</rt></ruby><ruby>地<rt>de</rt></ruby><ruby>赞<rt>zàn</rt></ruby><ruby>美<rt>měi</rt></ruby><ruby>对<rt>duì</rt></ruby><ruby>方<rt>fāng</rt></ruby>，<ruby>会<rt>huì</rt></ruby><ruby>增<rt>zēng</rt></ruby><ruby>强<rt>qiáng</rt></ruby><ruby>和<rt>hé</rt></ruby><ruby>谐<rt>xié</rt></ruby>、<ruby>温<rt>wēn</rt></ruby><ruby>暖<rt>nuǎn</rt></ruby><ruby>的<rt>de</rt></ruby><ruby>气<rt>qì</rt></ruby><ruby>氛<rt>fēn</rt></ruby>。

<ruby>赞<rt>zàn</rt></ruby><ruby>美<rt>měi</rt></ruby><ruby>也<rt>yě</rt></ruby><ruby>是<rt>shì</rt></ruby><ruby>一<rt>yī</rt></ruby><ruby>种<rt>zhǒng</rt></ruby><ruby>艺<rt>yì</rt></ruby><ruby>术<rt>shù</rt></ruby>，<ruby>需<rt>xū</rt></ruby><ruby>要<rt>yào</rt></ruby><ruby>讲<rt>jiǎng</rt></ruby><ruby>场<rt>chǎng</rt></ruby><ruby>合<rt>hé</rt></ruby>、<ruby>分<rt>fēn</rt></ruby><ruby>寸<rt>cun</rt></ruby><ruby>和<rt>hé</rt></ruby><ruby>技<rt>jì</rt></ruby>

巧。首先，赞美必须是真诚的，不能言过其实，否则就成了阿谀奉承。现在人们都喜欢在公开场合称赞别人，这就更需要真诚了，否则很容易引起对方的误解和反感。赞美别人的优点时，要尽量具体，比如"你真好"就远不如"你待人真热情"深入人心。

除了语言上的赞美，还有行为上的赞美。用你的一个眼神、一个手势或者一个姿势，就可以表示对别人的赞美。尤其是相交多年的好朋友之间，有时候语言上的赞美会显得很多余，远比不上一个手势或一个眼神的作用。

zěn yàng cái néng mó lì yì zhì
怎样才能磨砺意志

dà jiā dōu zhī dao　　zài xiàn shí shēng huó zhōng　　yì zhì lì shì fēi cháng
大家都知道，在现实生活中，意志力是非常

zhòng yào de　　nà nǐ zhī dao zěn yàng mó liàn wǒ men zì jǐ de yì zhì ma
重要的，那你知道怎样磨炼我们自己的意志吗？

dà tǐ shang　　yì zhì lì de mó liàn xū yào zhù yì yǐ xià jǐ diǎn
大体上，意志力的磨炼需要注意以下几点。

míng què xué xí mù dì　　shù lì chóng
　　　　1.明确学习目的，树立崇

gāo de lǐ xiǎng　　zhǐ yǒu mù biāo míng què
高的理想。只有目标明确，

cái néng yǐn dǎo rén fèn yǒng xiàng qián　　bǎi
才能引导人奋勇向前，百

zhé bù náo
折不挠。

fēn xī zì jǐ de xìng gé lèi
　　　　2.分析自己的性格类

xíng　　cǎi qǔ bù tóng de duàn liàn fāng
型，采取不同的锻炼方

fǎ　　rú guǒ nǐ shì yī gè zhí
法。如果你是一个执

niù　　wán gù de rén　　jiù yào
拗、顽固的人，就要

péi yǎng nǐ xíng wéi de mù dì
培养你行为的目的

性和原则性；如果你是一个胆小犹豫的人，就应该培养你勇敢和果断的品质；如果你是一个任性、不自制的人，你就应该提高自己控制和掌握自身行为的能力；如果你是一个缺乏毅力的人，就应该培养坚持不懈的品质……

3. 勇于与困难作斗争。意志是在克服困难时表现出来的，是在克服困难的过程中形成的。常常为自己提供困难的环境，将自己置身于困难面前，并且用顽强的毅力和必胜的信心去克服所面临的困难。你克服的困难越多，意志就越坚定，当遇到其他困难、坎坷时，就不会有畏难情绪了。

4. 养成遵守纪律的好习惯，加强意志力的自我磨炼。人的意志品质的形成，常受到周围人的影响，同时和自我修养也有直接关系。养成

良好的习惯，能使人戒除不良嗜好。常常自我反省、自我检讨是人的意志品质形成的重要条件。

要经常用名言、格言检查自己、激励自己；注意同优秀的同学进行比较，明确差距，奋起直追；在生活中严格要求自己。

怎样培养毅力

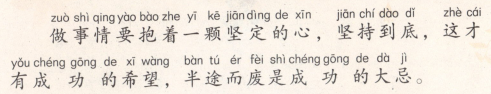

　　做事情要抱着一颗坚定的心，坚持到底，这才
有成功的希望，半途而废是成功的大忌。

　　在做事情的过程中，很多人一时失意，受到
了挫折，或者失去了一些珍贵的东西，于是就心
灰意冷说放弃。有的人还会怨天尤人，认为这个
世界不公平，却很少有人想过是否要给自己打造
一颗坚强不屈的心。如果一个人连一颗敢于面对

重重险阻和困难的

心都没有，那么，还

有谁会赋予他成功

的希望呢？

认真想一想，

你会发现，做事情要坚持到底，绝不仅仅是某些工作的特殊需要，它是所有事情成功的基本条件，也是成功者的重要品质和基本态度。每个人从小到大，无论是学习、工作，还是日常生活，都要完成各种大大小小的事情。如果做事常常中途就停止了，事情是不会做好的。

你是不是经常听到父母或老师抱怨："这孩子并不比别的孩子笨，就是没耐心，做事有头无尾，干什么都是三分钟热度。"那么，为什么会出现这样的评价呢？做事情有始无终，往往有以下几方面的原因：第一种是遇到更有意思的事，注意力便转移了，而把原来在做的事情丢下不管；第二种是碰到棘手的问题，不愿面对挫折克服困难，没有耐心坚持下去；第三种是由于缺乏动力，认识不到所做事情的意义和价值，抱着无所谓的态度，自然会有头无尾或虎头蛇尾了。

有坚强不屈的心，才不会轻易动摇，才能坚持把事情做到底。而没有毅力的人，做自己不喜欢的事，或是遇到一点点困难，就会很轻易地选择放弃。

那么，现在就开始培养自己的毅力，养成坚

chí dào dǐ de xí guàn ba bù guǎn bié ren zěn me shuō zěn me zuò yī dìng
持到底的习惯吧。不管别人怎么说怎么做，一定

yào jiān chí zuò wán gōng kè zài chū qu wán yě xǔ gāng kāi shǐ de shí hou hěn
要坚持做完功课再出去玩。也许刚开始的时候很

nán zuò dào dàn shì zhǐ yào jiān chí nǐ jiù huì fā xiàn zì jǐ kāi shǐ biàn
难做到，但是只要坚持，你就会发现，自己开始变

de yuè lái yuè yǒu yì lì le péi yǎng yì lì kě yǐ cóng yǐ xià jǐ gè fāng
得越来越有毅力了。培养毅力可以从以下几个方

miàn rù shǒu
面入手：

bù hū lüè xiǎo shì cóng diǎn dī zuò qǐ měi tiān wǒ men dōu yǒu hěn
　　1.不忽略小事，从点滴做起。每天我们都有很

duō shì qing yào zuò xiān wán chéng zuì jī běn de shì qing lì rú rèn zhēn
多事情要做，先完成最基本的事情。例如，认真

zuò wán měi yī xiàng zuò yè wú lùn shì kè táng shang de huò zhě shì kè xià
做完每一项作业，无论是课堂上的或者是课下

de bāo kuò shí jiàn huó dong de zuò yè rèn zhēn wán chéng wèi bān jí tǐ
的，包括实践活动的作业；认真完成为班集体

huò wèi tóng xué zuò de měi yī jiàn shì qing
或为同学做的每一件事情。

zhì dìng jù tǐ de mù biāo zuò wán yī jiàn shì qing tōng cháng shì zhǐ
　　2.制订具体的目标。做完一件事情通常是指

dá dào le wǒ men de yù qī mù biāo rú guǒ mù biāo bù míng què huò zhě yǔ
达到了我们的预期目标。如果目标不明确，或者与

wǒ men de zhī shí shuǐ píng xiāng chā hěn yuǎn nà me zhè lèi mù biāo jiù nán yǐ
我们的知识水平相差很远，那么，这类目标就难以

wán chéng yě jiù bù kě néng zuò dào yǒu tóu yǒu wěi
完成，也就不可能做到有头有尾。

wú lùn jié guǒ rú hé jiān chí dào dǐ yǒu xiē shì qing kāi shǐ shí
　　3.无论结果如何，坚持到底。有些事情开始时

常常比较顺利，做得很好，但后来遇到困难了，可能很难达到你预期的效果。在这种情况下，千万不可轻易放弃，半途而废。一方面，因为你的坚持，也许能够使事情朝好的方向发展；另一方面，即使结果仍不理想，努力把这件事情做完就是你的成功。

4. 学会自我监督和自我激励。做事情要持之以恒，真正的约束来自自身。确定目标和计划之后，在完成任务的过程中，我们要不断自我检查、自我监督。这样，对于做得不够好的地方，及时请父母、老师给予帮助，积极进行调整和完善；对于做得好的地方要给予肯定，也可以给自己一些小小的奖赏。

怎样培养节俭的习惯

调查发现，在一些中小学学校里，浪费粮食的现象非常严重，每天都能看到从学校里推出一车又一车的剩饭剩菜，有些菜只吃了几口就被倒掉了。

不仅是浪费粮食，还有一些消费现象也令人担忧。有些同学一味追求时兴的文具，流行"流氓兔"，就一定要有"流氓兔"图案的书包；流行《流星花园》，就

储钱罐

非要有F4图像的书包、文具盒，总之是流行什么就要买什么。因为社会上流行的东西更新很快，所以往往新的文具还没用几天，就被无情地抛弃了，造成很大的浪费。

难道说，我们现在的生活好了，就可以丢掉勤俭节约的美德吗？当然不是！我们依然要养成勤俭节约的习惯。在我们国家，还有很多贫困地区的孩子上不起学，许多失业家庭的生活尚待改善，许多受灾地区的人们吃不饱穿不暖，所以我们应该继承勤俭节约的传统美德，养成勤俭节约的习惯。

钱要花得有意义，要真正做到物有所值。现在怎样花钱，也会影响到将来理财的习惯。如果能够养成勤俭节约的习惯，就意味着我们有了控制自己欲望的能力，也意味着我们已经形成

dú lì zì zhǔ de yì shí
独立自主的意识。

wǒ men zuò wéi shè huì chéng yuán de yī bù fen yīng gāi láo jì
我们作为社会成员的一部分，应该牢记
lì shǐ de shǐ mìng fā yáng zhōng huá mín zú jiān kǔ pǔ sù de yōu
历史的使命，发扬中华民族艰苦朴素的优
liáng chuán tǒng
良传统。

cóng jīn tiān kāi shǐ péi yǎng qín jiǎn jié yuē de xí guàn zuò yī míng
从今天开始，培养勤俭节约的习惯，做一名
yōu xiù de xué sheng ba
优秀的学生吧。

chī de yào shí zai sú huà shuō yào chī hái shi jiā cháng fàn
1.吃得要实在。俗话说：要吃还是家常饭，
yào chuān hái shi cū bù yī jiā cháng fàn suī rán zhǐ shì cū chá dàn fàn dàn
要穿还是粗布衣。家常饭虽然只是粗茶淡饭，但
fù mǔ wèi le ràng wǒ men jiàn kāng chéng zhǎng dōu shì hěn zhù yì tiáo pèi gè
父母为了让我们健康成长，都是很注意调配各
zhǒng yíng yǎng de wǒ men bù yào gēn jù zì jǐ de kǒu wèi tiāo shí piān
种营养的。我们不要根据自己的口味挑食、偏
shí yī rì sān cān yào yǐ chī hǎo chī bǎo wéi yuán zé yě bù yào zài
食，一日三餐要以吃好、吃饱为原则。也不要在
fàn qián fàn hòu chī fāng biàn miàn miàn bāo dàn gāo děng líng shí cān zhuō
饭前饭后吃方便面、面包、蛋糕等零食。餐桌
shang yào bǎo chí wèi shēng bù yào ràng fàn cài sǎ zài zhuō miàn shang néng chī
上要保持卫生，不要让饭菜洒在桌面上，能吃
duō shao chī duō shao bù yào chū xiàn shèng cài shèng fàn de xiàn xiàng
多少吃多少，不要出现剩菜剩饭的现象。

chuān zhe yào pǔ sù chuān zhuó pǔ sù bìng bù shì yào jiān chí guò qù
2.穿着要朴素。穿着朴素并不是要坚持过去

的"新三年，旧三年，缝缝补补又三年"的艰苦生活，而是要大众化，不追求时髦，即使家里相当富有，也要穿得朴素一些，只要不冻着就可以。我们都是学生，没有贵族和平民之分。心态和行动都要平衡在同一起跑线上，这对我们的成长十分有利。

3. 珍惜学习用品。珍惜学习用品，就是不要因为写错一两个字就撕掉一张纸，不要老是弄断铅笔芯，不要买只能做摆设的学习用品。

4. 给自己准备一个储

qián guàn yǐ jiǎn yǎng dé de xǔ duō shì lì gào su wǒ men yào
钱罐。"以俭养德"的许多事例告诉我们：要

chéng wéi yī gè yǒu zhì xiàng yǒu zhuī qiú yǒu chū xi de rén qín jiǎn
成 为一个有志向、有追求、有出息的人，勤俭

jié yuē jiān kǔ pǔ sù de shēng huó zuò fēng shì bù kě quē shǎo de wǒ
节约、艰苦朴素的生活作风是不可缺少的。我

men kě yǐ gěi zì jǐ zhǔn bèi yī gè chǔ qián guàn bǎ zì jǐ de líng huā
们可以给自己准备一个储钱罐，把自己的零花

qián fàng zài lǐ miàn jī shǎo chéng duō yě xǔ zài wǒ men jí xū de
钱放在里面，积少成多，也许在我们急需的

shí hou zhè xiē qián huì fā huī gèng dà de zuò yòng
时候这些钱会发挥更大的作用。

怎样改掉懒散的毛病
zěn yàng gǎi diào lǎn sǎn de máo bìng

懒惰成性的学生，在学习办事时缺乏热情和主动精神，推一推，动一动。上课时无精打采，老师不催着写作业就不写，不提醒记笔记就不记。还有一种学生，在老师面前积极勤快，其实只是拿着笔随便画，老师一走远，他立即把书和本子放到一边。

如果你也是这样的学生，一定要下决心改掉懒散的毛病。你可以按照下面的方法来调整。

1.明确自身价

值，增强对国家和集体的责任感。要勇于付出，不要过分爱惜自己。

2. 坚持参加体育锻炼。

3. 点亮心中理想的明灯，激发自己为理想而奋斗的精神。

4. 坚持自己的事情自己做，相信别人能做的自己也能做到。

怎样学会自立

不少杰出的人才，有的是幼年失去父亲或母亲，有的是家境贫穷，有的是从小远离家乡，没有父母的照顾。这就说明在成才过程中，要学会自立。如果自己不能照顾自己，不能独立完成一件事，那怎么谈得上成才呢？

要学会自立，首先要培养独立生活的能力。学会做家务，学会管理自己的生活，这是最基本的。

其次，要

yǎng chéng dú lì xué
养 成 独 立 学

xí dú lì sī kǎo
习、独立思考

de xí guàn zài
的 习 惯。在

xué xí zhōng bù
学 习 中 不

néng guò duō de
能 过 多 地

yī lài bié rén
依 赖 别 人。

zuì hòu
最 后，

yào yǒu zhǔ jiàn
要 有 主 见。

yào gǎn xiǎng
要 敢 想、

gǎn shuō gǎn zuò yǒng yú
敢 说、敢 做，勇 于

fā biǎo bù tóng de jiàn jiě bù yào rén yún yì yún quē fá zhǔ jiàn bù
发 表 不 同 的 见 解，不 要 人 云 亦 云。缺 乏 主 见，不

huì tū pò xiàn yǒu de tiáo tiáo kuàng kuàng shì bù kě néng yǒu chuàng zào fā
会 突 破 现 有 的 条 条 框 框，是 不 可 能 有 创 造 发

míng de
明 的。

怎样培养责任心
zěn yàng péi yǎng zé rèn xīn

当爸爸或妈妈夸你懂事的时候，你一定很高兴吧？是啊，有些事情我们自己能做，就不需要爸爸妈妈帮忙。

从现在开始，培养自己的责任心，不再完全依赖父母，不管是在学习上还是生活上，遇到困难的时候，不能再让父母替代我们或者帮助

wǒ men qù wán chéng　zì jǐ de yī fu yào zì jǐ
我们去完成。自己的衣服要自己

xǐ　　fù mǔ gōng zuò máng de shí hou　　yào xué huì
洗，父母工作忙的时候，要学会

zì jǐ zuò fàn
自己做饭。

shēng huó zhōng de diǎn diǎn dī
生活中的点点滴

dī　　dōu kě yǐ bǎ tā dàng chéng
滴，都可以把它当成

duàn liàn zì lì néng lì de jī
锻炼自立能力的机

huì　　zhǐ yǒu zhè yàng　　nǐ cái
会。只有这样，你才

kě yǐ gèng hǎo de zhǎng wò zì lì de běn lǐng　　jiāng lái chū wài qiú xué huò zhě
可以更好地掌握自立的本领，将来出外求学或者

zǒu shang shè huì　　　jiù néng zì jǐ zhào gu zì jǐ　　wán chéng shè huì jiāo gěi
走上社会，就能自己照顾自己，完成社会交给

zì jǐ de rèn wu
自己的任务。

zěn yàng fáng zhì shén jīng shuāi ruò
怎样防治神经衰弱

神经衰弱是一种最常见的神经症，是青少年中最常见的轻型心理疾病，但对青少年的身心健康危害较大。神经衰弱的常见症状为脑功能衰弱，容易疲乏，记忆力衰退，注意力难以集中，容易兴奋和激动；睡眠障碍，难以入睡，白天思睡，学习效率下降；还有心

悸、心慌、气短、胸闷、消化不良等。

神经衰弱患者会感到学习和工作负担过重，心情紧张，情绪压抑，睡眠不足，处于心理矛盾的状

85

态。神经衰弱虽然不是大病，但确实有害于身心，所以要认真对待，积极防治。

首先要慎重地诊断确定，注意将神经衰弱与抑郁症及其他心理疾病分开。可以采取以心理治疗为主，药物治疗为辅的综合治疗法。再者，要纠正心理缺陷，正确对待和处理精神压力，学会科学用脑，注意劳逸结合，纠正不良生活方式和习惯，培养良好的情绪。此外，还要多进行适宜的体育锻炼，正确处理学习和人际交往中的各种矛盾。

怎样科学上网

zěn yàng kē xué shàng wǎng

网络是一个复杂的事物，它不仅有对我们非常
有用的信息，同时也充斥着各种反动、暴力和色
情的信息。对于缺乏鉴别能力和充满好奇心的我
们来说，网络对于我们的吸引力远远大于我们的自
制能力，我们的目光常常会被那些毒害我们身
心健康的垃圾信息吸引，久
而久之就会陷入其中，不能
自拔，甚至还会发展到
伤害别人的地步。
那么，怎样充分利
用网络的有用资源，预防
上网成瘾呢？

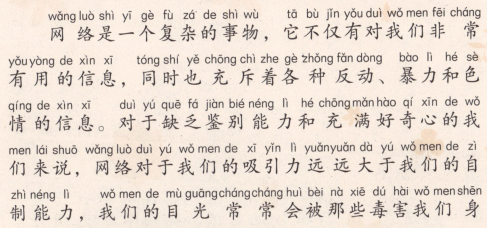

1. 上网应多浏览一些有价值的网页，不要出于好奇心去浏览不健康的网站。

2. 要正确看待生活或学习中遇到的挫折。在受到挫折的时候，我们要学会自己调节心情，以健康的方式应对情绪波动，而不是进入一个虚拟的空间以逃避现实，获得虚无的成就感和荣誉感。

3. 要增强心理防范意识，提高心理免疫力。上网前要先定目标，限定上网时间。

4. 要明确这个阶段自己的主要任务是学习。如果学习成绩下滑，要认真寻找原因，多找成绩好的同学交流学习经验，不要只靠在网络中寻求平衡。

5. 要善于发现生活中的美，享受父母的爱。不要总觉得自己的父母没有别人的好，自己

de shēng huó bù rú bié rén　　yào zhēn xī zì jǐ suǒ yōng yǒu de yī qiè
的 生 活 不 如 别 人 ， 要 珍 惜 自 己 所 拥 有 的 一 切 。

　　　　duō yǔ xiàn shí zhōng de rén jiāo wǎng　　wǒ men de chéng zhǎng lí bù
　　6. 多 与 现 实 中 的 人 交 往 。 我 们 的 成 长 离 不

kāi yǔ tóng líng rén de mì qiè jiāo wǎng　　lí bù kāi shēn kè de shēng huó tǐ
开 与 同 龄 人 的 密 切 交 往 ， 离 不 开 深 刻 的 生 活 体

yàn　 shēng huó zài huǒ bàn de yǒu qíng zhī zhōng　　shì bì miǎn wǎng luò yòu huò
验 。 生 活 在 伙 伴 的 友 情 之 中 ， 是 避 免 网 络 诱 惑

zuì zhòng yào de bǎo zhàng
最 重 要 的 保 障 。

　　　　dāng fā xiàn zì jǐ yǐ jīng duì wǎng luò xíng chéng le xīn lǐ yī lài shí
　　7. 当 发 现 自 己 已 经 对 网 络 形 成 了 心 理 依 赖 时 ，

yīng gāi jī jí xiàng xīn lǐ yī shēng xún qiú bāng zhù
应 该 积 极 向 心 理 医 生 寻 求 帮 助 。